# LA MORT ET LES FUNÉRAILLES

## DE

# PHILIPPE LE BEL

### D'APRÈS UN COMPTE RENDU

### A LA COUR DE MAJORQUE

PAR

## CH. BAUDON DE MONY

—⊰⊹⊱—

Extrait de la *Bibliothèque de l'École des chartes,*

Année 1897, t. LVIII.

—⊰⊹⊱—

## PARIS

1897

# LA MORT ET LES FUNÉRAILLES

## DE

# PHILIPPE LE BEL

### D'APRÈS UN COMPTE RENDU

## À LA COUR DE MAJORQUE

PAR

## CH. BAUDON DE MONY

———⋈———

Extrait de la *Bibliothèque de l'École des chartes*,
Année 1897, t. LVIII.

———⋈———

## PARIS
1897

# LA MORT ET LES FUNÉRAILLES



# PHILIPPE LE BEL

D'APRÈS

## UN COMPTE RENDU A LA COUR DE MAJORQUE

Les archives d'Aragon, si riches en documents relatifs à l'histoire de France, conservent dans la collection des *Cartas reales* une lettre missive[1] qui intéresse celle-ci d'une manière spéciale, c'est le récit circonstancié de la mort et des funérailles de Philippe le Bel, fait à Guillaume de Canet[2], lieutenant du roi de Majorque, par un personnage du nom de Guillaume Baldrich. A quel titre l'auteur de cette pièce se trouvait-il dans notre pays? Nous ne le savons pas au juste; l'on peut, toutefois, supposer qu'il avait été chargé par son souverain d'une mission[3] auprès de Philippe IV; on n'ignore pas, en effet, combien furent nombreux au xive siècle les rapports du royaume de Majorque avec la France.

En tout cas, sa présence à Paris, à l'époque de la mort du monarque français, lui permit de recueillir des détails fort

---

1. Nous avons eu connaissance de ce texte, il y a plusieurs années déjà, lorsqu'il a été découvert et copié par l'illustre et bien regretté D. Manuel de Bofarull. La mort ayant empêché ce savant de le livrer à l'impression, D. Francisco de Bofarull a eu l'amabilité de nous remettre la copie de son père. Nous nous sommes également servi d'une photographie que nous avons fait prendre de ce curieux document.

2. Ce seigneur, l'un des vassaux les plus importants du royaume de Majorque, portait un nom très connu dans l'histoire de ce pays.

3. D. Francisco de Bofarull a bien voulu, sur notre demande, dépouiller les registres de Barcelone dans lesquels il est particulièrement question des ambassades de cette époque. Il n'y a malheureusement rien trouvé sur Guillaume Baldrich.

complets sur la maladie, le décès et la sépulture de ce prince. Il les puisa évidemment à bonne source, car sa relation concorde en général avec le texte des meilleurs annalistes ; du reste, le seul fait de l'avoir écrite sous l'impression même des événements suffit à garantir, d'une manière sérieuse, la sûreté de ses informations.

Nous avons donc pensé que la publication de cet acte pourrait offrir quelque intérêt, d'autant qu'elle nous donne le moyen de mettre, pour ainsi dire, en parallèle le récit tiré d'un document à date certaine et celui fourni par les chroniques de l'époque : la comparaison est toujours utile à établir. La courte notice qui va -suivre citera les faits relatés dans l'ordre où le narrateur les a exposés lui-même.

Guillaume Baldrich décrit, tout d'abord, la cérémonie funèbre qui avait eu lieu quelques jours à peine avant le départ de sa lettre. Le corps du roi, dit-il, fut transporté à Paris par la Seine, le 1er décembre, ainsi que cela s'était passé autrefois pour Philippe le Hardi, au retour de l'expédition de Catalogne. Déposé à terre près de Saint-Bernard[1], il fut conduit solennellement à Notre-Dame. La messe y fut célébrée, le lendemain, par l'archevêque[2] de Sens, frère d'Enguerrand de Marigny, pour le repos de l'âme du roi défunt. Le service terminé, le cortège se dirigea vers Saint-Denis[3] ; Louis, fils aîné de Philippe, en faisait partie, ainsi que ses frères, ses oncles et Robert d'Artois, sans compter un nombre considérable de prélats et de religieux et une foule immense.

---

1. Sur la rive gauche de la Seine. Les *Chronographia regum Francorum* (Éd. Moranvillé, dans la coll. de la Société de l'Histoire de France, t. I, p. 219) racontent que la dépouille mortelle de Philippe fut apportée au *collège* de Saint-Bernard et mise sur un lit de parade avec la couronne sur la tête et le sceptre à la main. Les *Anciennes Chroniques de Flandre* (*Histor. de Fr.*, t. XXII, p. 401) parlent de l'*église* de Saint-Bernard et aussi du lit de parade. Notre récit dit simplement « prope Sanctum Bernardum, » mais, à la différence de ces deux chroniques, il fixe d'une manière précise les jours de l'arrivée du corps à Paris et de la cérémonie à Notre-Dame.

2. Il s'appelait Philippe. Cf. *Gallia christiana*, t. XII, c. 70.

3. Les *Chronographia* et les *Anciennes Chroniques de Flandre* placent le départ du cortège pour Saint-Denis au lendemain du service fait à Notre-Dame. D'après Guillaume Baldrich, il eut lieu à la même date que celui-ci et le 2 décembre, jour indiqué également par le continuateur de Guillaume de Nangis (*Histor. de Fr.*, t. XX, p. 612) et celui de Girard de Fràchet (*Id.*, t. XXI, p. 42).

Le roi avait été embaumé et revêtu[1] de drap d'or ; il portait, en outre, un manteau fourré d'hermine et avait la tête ceinte d'une couronne d'or extrêmement belle. Il tenait le sceptre de la main droite et la main de justice de la gauche. Son visage et ses mains, entièrement à découvert, présentaient, du reste, les signes d'une altération très visible.

Le 3 décembre, on procéda à l'inhumation proprement dite et l'on plaça le monarque à Saint-Denis, à côté de saint Louis, son aïeul[2]. Très peu de monde y assista, en dehors des nobles de la maison royale. Les entrailles et le cœur du roi[3] furent enfin déposés (4 décembre) au monastère des sœurs de Poissy[4], ainsi que celui-ci en avait décidé pendant sa vie. Guillaume Baldrich donne même à ce sujet un détail inédit : au dire des témoins oculaires, le cœur de Philippe IV était de si petite dimension, paraît-il, qu'on pouvait le comparer à celui d'un enfant nouveau-né ou bien à celui d'un oiseau.

Vient après le récit des derniers moments du roi de France, qui mourut d'une manière extrêmement pieuse, après s'être repenti et confessé et avoir exprimé des sentiments très chrétiens. La maladie s'étant aggravée[5] beaucoup (26 novembre), le moribond manda auprès de lui (le 27) son fils, le roi de Navarre, et l'entretint en tête-à-tête pendant longtemps. Puis, en présence d'un grand nombre de personnes, il prononça des paroles fort édifiantes et reconnut ses offenses envers Dieu. Il fit aussi son testament et enjoignit à son héritier de l'observer, de même que ses instructions verbales, sous peine du jugement de Dieu, auquel il l'appelait en cas de désobéissance. Il pria ensuite son fils de se comporter avec respect vis-à-vis de l'Église romaine, d'aimer le

---

1. Cf. détails identiques, quoique moins complets, dans les *Chronographia* (Éd. citée, t. I, p. 219) et les *Anciennes Chroniques de Flandre* (*Histor. de Fr.*, t. XXII, p. 401).

2. Il fut enseveli près du roi *son père*, d'après les *Chronographia* (*Id.*, *ibid.*), Guillaume Scot (*Histor. de Fr.*, t. XXI, p. 208) et les *Anciennes Chroniques de Flandre* (*Id.*, t. XXII, p. 401).

3. Le continuateur de Guillaume de Nangis (*Id.*, t. XX, p. 612) et celui de Girard de Frachet (*Id.*, t. XXI, p. 42) placent ce fait au 3 décembre.

4. Ce couvent, de l'ordre des Dominicaines, avait été fondé par Philippe IV.

5. Yves, moine de Saint-Denis (le véritable auteur de la chronique, dont Scot fut simplement le copiste. Voy. les *Not. et Extr. des mss.*, t. XXI, 2ᵉ partie, p. 249 et suiv.), qui assista Philippe à sa dernière heure, fournit à ce sujet des renseignements fort semblables. Il signale également, au 26 novembre, l'aggravation de la maladie du monarque (*Histor. de Fr.*, t. XXI, p. 206).

peuple et de gouverner le royaume comme saint Louis, de prendre l'avis de ses frères Charles[1] et Louis[2], de ne point imiter enfin son exemple en fait d'avarice. Le roi perdit l'usage de la parole le 28 au matin et rendit l'âme le 29, vers la troisième heure[3], suivant les uns, à midi, selon les autres.

Guillaume Baldrich ajoute qu'au moment où Philippe se trouva presque à toute extrémité, Enguerrand de Marigny[4] le supplia d'intercéder pour lui auprès de l'héritier du trône. Mais le monarque se contenta de recommander à celui-ci de ne point léser ce personnage dans ses biens, si l'on arrivait à prouver la fidélité de ses services; sinon, il le laissait libre de prendre à l'égard d'Enguerrand telle ou telle décision.

Du reste, le roi fut à peine expiré, paraît-il, que le ministre reçut l'ordre de ne point quitter la cour jusqu'à reddition complète de ses comptes et de ne plus se mêler du trésor royal en aucune façon. La chose était assurée par beaucoup de personnes; Baldrich déclarait, toutefois, ne pouvoir la certifier d'une manière tout à fait positive.

La relation touche ensuite à l'un des points les plus délicats de notre question, à l'origine mystérieuse de la mort de Philippe le Bel. Les historiens[5] de l'époque, en effet, sont fort divisés à ce sujet : les uns[6] parlent d'un accident de cheval en forêt, les autres[7] d'une maladie dont les médecins étaient impuissants à

---

1. Comte de Valois.

2. Comte d'Évreux.

3. Le moine Yves dit que le souverain demanda pardon aux assistants vers cette heure-là et mourut vers la sixième (*Histor. de Fr.*, t. XXI, p. 208).

4. L'entretien du roi avec son ministre n'est pas mentionné par les différentes chroniques citées par nous.

5. M. Lacabane estime que l'on fit courir le bruit d'un accident de chasse survenu à Philippe le Bel dans le but d'atténuer, surtout à l'étranger, la mauvaise impression résultant d'une fin causée par les remords et le chagrin. D'après sa remarque, en effet, les chroniques françaises les plus sûres ne tiennent pas compte de cette rumeur; celle-ci trouva créance, au contraire, auprès des historiens italiens : les luttes de Philippe le Bel avec la papauté peuvent faire supposer qu'on ait cherché à répandre au loin une version de la mort du roi plus favorable à sa mémoire (*Dissertations sur l'hist. de France au XIV⁰ siècle*, Bibliothèque de l'École des chartes, années 1841-1842, t. III, p. 5-7).

6. Cf. la chronique attribuée à Jean Desnouelles (*Histor. de Fr.*, t. XXI, p. 196), la chronique rimée attribuée à Geffroi de Paris (*Id.*, t. XXII, p. 151), les *Anciennes Chroniques de Flandre* (*Id., ibid.*, p. 401), les *Chronographia regum Francorum* (Éd. citée, t. I, p. 218).

7. Cf. le continuateur de Guillaume de Nangis (*Histor. de Fr.*, t. XX, p. 611),

découvrir la cause. Cette dernière version doit être la vraie, d'après le témoignage des meilleures chroniques et l'opinion de Guillaume Baldrich lui-même. Il prit à cet égard des renseignements précis, ainsi que nous l'apprend cette partie de sa lettre.

Philippe le Bel, raconte-t-il, tomba malade[1] le 4 novembre, tandis qu'il chassait en forêt près de Pont-Sainte-Maxence[2]. Il fut envahi par le mal d'une manière si soudaine qu'il en perdit l'usage de la parole pendant un temps assez long. L'on disait bien, ajoute-t-il, que le souverain avait fait une chute de cheval, sans expliquer au juste de quelle façon, mais tel n'était pas l'avis de plusieurs familiers du prince qu'il avait interrogés dès le jour suivant et sur les lieux mêmes. Ceux-ci déclarèrent que le roi n'était pas tombé, mais avait éprouvé un saisissement subit, avec impossibilité de prononcer une parole.

Après cet événement, Philippe se fit conduire par eau à Poissy[3] et y resta une dizaine de jours. De cette localité, il se rendit à cheval jusqu'à Essonne[4], d'où il fut porté en litière à Fontainebleau. C'est là qu'il mourut le 29 novembre, dans la ville même qui lui avait donné le jour.

Suit une allusion de Guillaume Baldrich à l'envoi fait par lui récemment au roi de Majorque et à Pons de Caramany du traité d'un certain maître Martin[5]. Ce personnage y avait prédit

celui de Girard de Frachet (*Histor. de Fr.*, t. XXI, p. 42), le moine Yves, qui donne beaucoup de détails sur les symptômes de la maladie (*Id., ibid.*, p. 206). — Jean de Saint-Victor ne marque pas l'origine de celle-ci (*Id., ibid.*, p. 659).

1. Le moine Yves indique également cette date (*loc. cit.*); les *Chronographia* parlent inexactement des environs de la fête de Saint-Michel (Éd. citée, t. I, p. 218).

2. Oise, arr. de Senlis, chef-lieu de canton. Cette ville, située sur l'Oise, n'est pas signalée par les chroniqueurs. Elle se trouve tout à côté de la forêt de Halatte, qui doit être celle à laquelle notre relation fait allusion. Geffroi de Paris parle d'une forêt renommée, qu'il ne cite pas, près de Senlis (*Histor. de Fr.*, t. XXII, p. 151). — D'après Jean Desnouelles (*Id.*, t. XXI, p. 196), la forêt aurait été celle de Bière (Fontainebleau). Les *Anciennes Chroniques de Flandre* (*Id.*, t. XXII, p. 401) disent que l'accident survint à Corbeil. Il en est de même des *Chronographia* (Éd. citée, t. I, p. 218). La version de Geffroi de Paris, quant au lieu, concorde absolument avec celle de notre auteur et est évidemment la vraie.

3. Geffroi de Paris donne le même détail (*Histor. de Fr.*, t. XXII, p. 151).

4. Petite ville tout près de Corbeil.

5. Nous devons à l'amabilité de M. Omont l'indication d'un recueil sur les astrologues composé par Simon de Phares (Bibl. nat., f. fr., n° 1357). Il y est ques-

les épreuves à subir par un grand roi, et, effectivement, la mort de Philippe le Bel coïncida avec une éclipse de soleil annoncée par lui.

Notre lettre se termine par quelques avis et nouvelles de circonstance. Ainsi, Guillaume Baldrich émet l'opinion que son souverain pourrait attendre le sacre du nouveau roi pour lui envoyer des ambassadeurs. Cette cérémonie devait se faire à Reims, selon l'usage, mais pas avant l'Épiphanie ; peut-être même serait-elle remise à une époque plus éloignée[1].

On manifestait l'espoir que le monarque chasserait du conseil royal les hommes pervers qui avaient pu en faire partie, afin de se conformer aux instructions écrites laissées par Philippe le Bel. Louis le Hutin, du reste, n'avait encore choisi ni conseillers ni chancelier. Il ne tarderait pas, cependant, de le faire, d'après le bruit public, et devait réunir le parlement la semaine suivante. On assurait que le souverain avait pris à son service les camerlingues, sergents d'armes et secrétaire de son père, mais on doutait qu'il nommât camerlingue Enguerrand de Marigny, par rapport à ce qui a été dit plus haut.

Le comte de Flandre s'était avancé, ces temps derniers, jusqu'à Pontoise, mais, à la nouvelle de la mort de Philippe le Bel, il avait rebroussé chemin. L'on parlait, toutefois, de son prochain retour. Quant au comte de Namur, frère de ce seigneur, il avait eu à Vincennes une entrevue avec le roi, le jour même de l'expédition du rapport de Guillaume Baldrich (7 décembre 1314).


Nobili[2] viro domino suo, domino Guillelmo de Caneto, militi, locumtenenti illustrissimi domini regis Majoricarum, Guillelmus

tion, à l'année 1339 (fol. 134 v°), de Martin du Hamel, de Rouen, protonotaire du Saint-Siège, qui était fort estimé, paraît-il, pour ses connaissances en astrologie. Faut-il identifier ce personnage avec celui mentionné par notre texte ? Il nous est impossible de le dire ; nous avons tenu, cependant, à ne pas négliger ce rapprochement.

1. Le sacre n'eut lieu que le 24 août 1315. Cf. les *Chronographia*, éd. citée, t. I, p. 220, note 1.

2. On lit au dos de l'acte l'adresse que voici : *Nobili ac potenti viro domino Guillelmo de Caneto, militi, locumtenenti illustrissimi domini regis Majoricarum;* puis, quelques lignes au-dessous : *Ddr. Pro Guillelmo Baudrici. —* D'après le conseil de juges compétents, nous reproduisons telle quelle l'abré-

Baudrici se ipsum cum parato affectu in omnibus serviendi. Noverit vestra nobilitas quod corpus domini Philippi, condam regis Francie, qui viam est universe carnis ingressus, prima die decembris porta-tum fuit Parisius per flumen Secane, sicud fuit etiam portatum per dictum flumen corpus patris sui, quando fuit portatum de Catalonia. Fuit autem dictum corpus abstractum de dicto flumine et positum in terra prope Sanctum Bernardum. Et abinde fuit portatum per vil-lam multum sollepniter ad eclesiam Beate Marie.

In crastinum vero celebravit missam pro anima dicti regis archie-piscopus Senonensis, frater domini Gelrami de Marreyco. Qua missa selebrata dictum corpus fuit portatum apud Sanctum Dionisium. Associabant autem dictum corpus dominus Ludovicus rex hodie regnans in Francia et fratres sui et avunculi et dominus Robertus de Atrabato, omnes cum vestibus nigris et cum capuciis indutis ad modum terre nostre. Sequebantur autem ipsum corpus populus infi-nitus multique prelati et religiosi precedebant. Corpus vero dicti regis inbasmatum erat involutumque panno aureo, cum clamide folrata de erminiis. In capite autem ipsius tenebat coronam auream pulche-rimam. In manu vero dextra tenebat baculum aureum qui dicitur septrum; in sinistra vero tenebat quandam virgam nigram, in cujus capite erat quedam parvula manus alba. Facies vero ac manus ejus-dem erant penitus discoperte ac mirabiliter alterate.

Sequenti vero die dictum corpus fuit sepultum in eclesia Sancti Dionisii, ad latus sancti Ludovici, avi condam dicti regis. Et in sepultura ipsius corporis valde pauci interfuerunt nobiles et barones, illis de domo regis exceptis. Postque in crastinum vicera et cor dicti regis, abstracta de dicto corpore incontinenti post mortem, sepulta fuerunt in eclesia monialium de Pissiacho, prout idem rex disposue-

viation précédente, car il n'est point facile d'en donner une interprétation absolument certaine : D. Francisco de Bofarull lui-même n'a pu nous rensei-gner d'une manière satisfaisante à cet égard. Mentionnons, néanmoins, une solution très plausible qui nous a été suggérée par le R. P. Denifle; selon ce savant, *ddr* devrait se traduire par *dandum responsum*. Dans ce cas, on peut faire une double hypothèse : ou cette mention a été mise à Paris, par ordre de Guillaume Baldrich, pour réclamer des instructions nouvelles de sa cour, ou bien elle représente une marque de la chancellerie de Majorque, apposée après l'arrivée du document et destinée à rappeler la réponse à y faire. De quel côté se trouve la vérité? Nous ne le savons pas. Il ressort, toutefois, de certains passages de cette pièce que Guillaume Baldrich était parfaitement à même de s'attendre à quelque communication de Guillaume de Canet, à la suite de son compte-rendu.

rat in sua vita. Cor autem dicti regis, ut dicitur, adeo erat parvum sicud est cor alicujus pueri qui hodie prodiit ex utero matris sue; ymo intellexi quod illi qui viderunt comparant illud cordi alicujus avis.

Porro nolo ignorare nobilitatem vestram quod dominus rex predictus vere contritus et conffessus, ut fidelis christianus, viam est universe carnis ingressus fecitque felicem, ut comuniter dicitur, et pulcherrimam mortem. Ad quorum declaracionem scire vos volo quod die martis, xxvi die novembris, gravavit dictum dominum regem infirmitas vehementer et, die mercurii sequenti, cum jam instaret tempus mortis, dictus rex fecit venire ad se filium suum, regem tunc Navarre, et, solus cum solo, per magnum spatium temporis, loqutus est cum eodem. Postmodum vero in presentia multorum, ut dicitur, dixit multa bona verba ad edificacionem anime sue et ad instruxionem heredis sui predicti.

Et, inter cetera, dixit et recognovit defectus et vicia sua et quod in multis erraverat et offenderat Deum, malo concilio ductus, et quod ipsemet erat causa mali concilii sui. Condidit etiam testamentum in quo, ut dicitur, mirabilia continentur. Et rogavit heredem suum eidemque precepit ut contenta in dicto testamento et omnia alia que verbo sibi injuxerat (sic) celeriter adinpleret, quod si faceret benedicebat eum benediccione paterna; alioquin vocavit dictum heredem ad divinum judicium, rogans Deum quod, in illum casum, dictus heres suus ipsum celeriter sequeretur. Insuper rogavit dictum heredem suum ut haberet eclesiam romanam in reverenciam et diligeret subditos suos teneretque regnum Francie in bono statu, prout ipsum tenuit beatus Ludovicus, avus ejusdem; et quod regeret se ac regnum predictum concilio avunculorum suorum, scilicet domini Carol et domini Ludovici. Incusavit autem se ipsum idem rex quod summa avaricia regnavit in ipso, rogavitque filium suum ut a se omnem avariciam abdicaret. Hec et alia plura bona dixit idem rex et disposuit ante mortem. Postque die jovis sequenti mane amisit loqui usque ad diem veneris; qua die circa terciam, secundum quosdam, secundum alios circa meridiem, feliciter expiravit. Et incontinenti fuit fractum sigillum magnum regium atque parvum.

Item de domino Gelramo dicitur quod, tempore quo dictus rex laborabat quasi in extremis, idem dominus Gelramus rogavit dictum regem ut recomendaret ipsum domino filio suo regi Navarre. Et dominus rex predictus recomendavit eum sibi, ita quod, si inveniret ipsum fideliter se habuisse in servicio suo, quod non moveret nec

aufferret sibi aliquid de bonis suis; alioquin faceret quod sibi vide-
retur. Et post obitum dicti regis dicitur quod fuit inhibitum dicto
domino Gelramo quod non recederet a curia, quousque reddidisset
computum de administratis et quod, extunc, non intromiteret se de
thesauro regis nec aliquis pro eodem. Et hoc multi asserunt, nescio
tamen si continet veritatem.

Item sciatis, domine, quod infirmitas dicti regis sumpsit exor-
dium iiii die novembris, dum rex venabatur in nemore prope Pon-
tem Sancte Maxencie. Et venit sibi subito in dicto nemore, ita quod
per magnum spacium temporis non potuit loqui. Et, extunc, non
fuit bene sanus nec ilaris rex predictus. Et dicitur per aliquos quod
cecidit de equo, nescitur per quem modum; verum est tamen quod
ego fui ibi in crastinum et a quibusdam de familia regis pecii super
hujus accidenti. Et dixerunt mihi quod non ceciderat de equo set
alias subito copertum fuit cor ejus, ita quod per aliquod spacium
non potuit loqui.

De dicto autem loco recessit per aquam apud Pissiacum et ibi fuit
per x dies vel circa. Postea abinde recessit equitando, ut dicitur,
usque ad Aissonam et ibi fuit positus in leytera usque ad Fontem-
bliaudii. Et ibi die jovis mane, xxviii die novembris, amisit loque-
lam usque ad diem veneris, qua decessit in dicto loco, ubi etiam
natus fuit.

Videtur autem verificata in aliqua sui parte philosophia magistri
Martini, quam nuper misi domino nostro regi ac domino Poncio de
Caramanno. Que quidem philosofia, inter cetera, continet : *Magnus
rex passietur*. Et sine dubio magnus rex passus est mortem. Et
mirandum de morte ejusdem quia medici, ut dicitur, nullam in ipso
cognoscebant infirmitatem. Est autem sciendum quod ante per
iiii^or dies, tunc quando sol deberet pati eclipsim in xii^a parte sui,
juxta dictam philosophiam, accidit illud quod proxime scriptum est
dicto domino regi.

Item non videtur michi expediens, salvo semper meliore concilio,
quod ex parte domini nostri regis delegentur aliqui ambaxatores ad
partes istas, quousque dominus Ludovicus rex novus fuerit corona-
tus. Et dicitur quod coronabitur satis cito in eclesia Remensi, ubi
consueverunt coronari predecessores ejusdem. Et presumitur et habe-
tur spes et fiducia quod dictus rex novus rectificabit concilium suum
et purgabit domum Francie malis hominibus, si qui erant, propter
instruxionem seu doctrinam paternam, que penes dictum novum
regem, ut dicitur, remansit in scriptis.

Post predicta intellexi quod dictus dominus rex non coronabitur citra festum Epiphanie Domini; et forte posset esse quod ulterius ejus coronacio differretur ex causa. Quare super adventu ambaxatorum domini nostri regis provideant illi ad quos pertinet, prout eorum discrecioni videbitur expedire. Scire tamen volo nobilitatem vestram quod dominus rex Francie nondum providit sibi de concilio nec de cancellario, quod sciatur; creditur, tamen, quod providebitur cito et quod in sequenti septimana tenebitur parlamentum. Dicitur etiam pro certo quod dictus dominus rex recepit camarlanos et hostiarios armorum et notarium secretorum, eosdem quos pater suus habebat dum vivebat. De domino Gelramo dubitatur an sit receptus in camarlanum, propter illa que superius scripsi vobis.

Comes Flandrie, ut dicitur et pro certo, veniebat et fuit prope Pontisaram et ibi certificatus de obitu domini regis Francie retrocessit. Set dicitur quod reveniet in propinquo. Et frater suus comes de Namur fuit hodie cum domino rege Francie apud Vicenas.

Datum Parisius, VII die decembris anno M CCC XIIII.

(*Orig. sur papier*, Archives d'Aragon, coll. des *Cartas reales de Jacques* II, n° 5031.)

Nogent-le-Rotrou, imprimerie DAUPELEY-GOUVERNEUR.